La Cuisine de la Nouvelle-France

Conception des recettes: Stéphane Bradette, chef exécutif au *Cabaret du Roy*

Design graphique: Nicole Lafond
Traitement des images: Mélanie Sabourin
Révision: Monique Richard
Texte d'introduction: Jacqueline Bousquet
Photos: Martine Hébert (page 2)
Simon Lamoureux (pages 12, 25, 26, 33, 34, 41, 45, 48, 55, 62, 66, 70, 79, 81, 87, 92, 95, 96, 107, 113, 114, 115, 119)
Tango (pages 6-7, 8, 14-15, 18, 21, 22, 29, 30, 37, 38, 42, 46, 51, 52, 56, 58, 65, 69, 72, 75, 76, 82, 88, 91, 99, 100, 102, 110, 116)
Styliste culinaire: Éric Régimbald
Styliste accessoiriste: Jacques Faucher
Infographie: Luisa da Silva et Chantal Landry

Catalogage avant publication de Bibliothèque et Archives Canada

Vedette principale au titre:

La cuisine de la Nouvelle-France: 50 recettes d'hier adaptées au goût d'aujourd'hui

1. Cuisine québécoise

TX715.6.C844 2006 641.59714 C2006-941186-7

Pour en savoir davantage sur nos publications,
visitez notre site: **www.edhomme.com**
Autres sites à visiter: www.edjour.com
www.edtypo.com • www.edvlb.com
www.edhexagone.com • www.edutilis.com

Site du restaurant: www.oyer.ca

07-06

Dépôt légal: 2006
Bibliothèque et Archives nationales du Québec

ISBN 10: 2-7619-2301-4
ISBN 13: 978-2-7619-2301-9

DISTRIBUTEURS EXCLUSIFS:

- Pour le Canada et les États-Unis:
  MESSAGERIES ADP*
  955, rue Amherst
  Montréal, Québec H2L 3K4
  Tél.: (514) 523-1182
  Télécopieur: (450) 674-6237
  * Filiale de Sogides ltée

- Pour la France et les autres pays:
  INTERFORUM
  Immeuble Paryseine, 3, Allée de la Seine
  94854 Ivry Cedex
  Tél.: 01 49 59 11 89/91
  Télécopieur: 01 49 59 11 33
  Commandes: Tél.: 02 38 32 71 00
  Télécopieur: 02 38 32 71 28

- Pour la Suisse:
  INTERFORUM SUISSE
  Case postale 69 - 1701 Fribourg - Suisse
  Tél.: (41-26) 460-80-60
  Télécopieur: (41-26) 460-80-68
  Internet: www.havas.ch
  Email: office@havas.ch
  DISTRIBUTION: OLF SA
  Z.I. 3, Corminbœuf
  Case postale 1061
  CH-1701 FRIBOURG
  Commandes: Tél.: (41-26) 467-53-33
  Télécopieur: (41-26) 467-54-66
  Email: commande@ofl.ch

- Pour la Belgique et le Luxembourg:
  INTERFORUM BENELUX
  Boulevard de l'Europe 117
  B-1301 Wavre
  Tél.: (010) 42-03-20
  Télécopieur: (010) 41-20-24
  http://www.vups.be
  Email: info@vups.be

Gouvernement du Québec – Programme de crédit d'impôt pour l'édition de livres – Gestion SODEC – www.sodec.gouv.qc.ca

L'Éditeur bénéficie du soutien de la Société de développement des entreprises culturelles du Québec pour son programme d'édition.

Le Conseil des Arts du Canada
The Canada Council for the Arts

Nous remercions le Conseil des Arts du Canada de l'aide accordée à notre programme de publication.

Nous reconnaissons l'aide financière du gouvernement du Canada par l'entremise du Programme d'aide au développement de l'industrie de l'édition (PADIÉ) pour nos activités d'édition.

La Cuisine de la Nouvelle-France

LES ÉDITIONS DE L'HOMME

Le C

baret
du Roy

PRÉFACE

Folies, fêtes et festins : festoyer en Nouvelle-France

Trois fois par jour, 365 jours par année et en moyenne pendant 70 ans, c'est plus de 75 000 repas que vous aurez à prendre durant votre vie. Une corvée, diront certains. Pour le restaurateur que je suis devenu, c'est plutôt 75 000 occasions de partager une tablée avec ma famille et mes copains (mot qui par ailleurs nous vient du Moyen Âge et qui est en fait la contraction de « co » et de « pain », signifiant celui avec qui l'on partage son pain).

Samuel de Champlain avait bien compris la corvée que pouvait représenter la difficulté de s'alimenter en hiver. C'est pourquoi il crée, en 1606, « l'Ordre de Bon Temps », premier club social et gastronomique de l'Amérique qui a pour but de tromper la longueur de la froide saison en organisant des banquets gargantuesques. Lors de ces soirées, on ne fait pas que manger. On prend aussi soin de se divertir : pièces de théâtre, musique, chants... À tour de rôle, les quinze membres les plus en vue de la petite colonie deviennent maître d'hôtel pour un soir et reçoivent la charge d'organiser le festin. C'est dans cet esprit que Le Cabaret du Roy accueille ses convives, dans une atmosphère d'agrément, autant à table qu'autour de celle-ci.

Se nourrir, pour l'Européen fraîchement débarqué, c'est l'aventure. Nouveaux gibiers, nouveaux légumes, nouvelles plantes et herbes... C'est aussi un combat, les hivers plus longs et plus rudes que sur le « vieux continent » forçant les colons à modifier leur régime alimentaire, à faire de plus amples provisions et à traiter avec les autochtones, bref à s'adapter.

Le commerce triangulaire entre la France, le Canada et les Antilles sera responsable d'un apport important à l'alimentation dans la colonie. Malgré les distances, il est possible d'importer des produits, chose que les nobles et les bourgeois n'hésitent pas à faire. La cuisine que nous vous présentons en est donc une de métissage. Les produits européens, québécois et même antillais s'allient audacieusement pour vous titiller les papilles.

Les recettes qui suivent sont parfois directement puisées dans le corpus de la Nouvelle-France, parfois sur les traces de la tradition amérindienne. On y retrouve aussi des plats typiquement québécois et bien sûr des créations de notre maître-coq, Stéphane Bradette, sans qui ce livre aurait un goût beaucoup plus fade.

Depuis plus de dix ans, le chef Bradette me seconde dans mon travail de restaurateur. D'abord comme chef à L'Auberge du Dragon Rouge, puis comme chef exécutif de l'Auberge et du Cabaret du Roy. Son apport à ces deux projets a été déterminant. Son savoir-faire et son énergie ont grandement contribué au succès toujours grandissant qu'ont connu nos restaurants au fil des ans, et je profite de cette occasion pour le remercier chaleureusement.

Par le fait même, je vous invite à faire démonstration de votre contentement lorsque vous irez manger au restaurant. On oublie souvent que derrière le sourire du serveur se cache une brigade de cuisine qui depuis l'aube travaille pour le plaisir de votre palais. Dites-leur merci. Écrivez-leur un mot. Envoyez-leur un verre. Ils méritent bien vos félicitations.

Dans l'esprit du travail fait au Cabaret du Roy, ce livre ne se veut pas un ouvrage de référence, ni une étude empirique de l'alimentation en Nouvelle-France. Nos prétentions ne sont pas celles d'historiens, mais d'épicuriens. À la quantité de temps que l'on passe à table, on devrait s'assurer que ces moments sont plaisants et savoureux.

De grâce, arrêtez de manger comme vous mettez de l'essence dans votre voiture ! Redécouvrez le plaisir de savourer, de déguster, de vous pourlécher, de vous régaler, ou tout simplement de goûter, mais surtout celui de partager votre table avec ceux que vous aimez.

La sortie de ce livre vient aussi marquer le cinquième anniversaire du Cabaret du Roy. Merci à tous ceux qui ont cru au projet et qui nous ont aidés au cours de ces cinq années de travail acharné. Recevoir plus ou moins 30 000 personnes par année à boustifailler comporte son lot d'imprévus et de surprises, mais surtout une énorme dose de plaisir. Comme on dit souvent chez nous : « À revoyure ! »

Assez palabré, cuisinez !

Martin Gauthier,
cabaretier, mais aussi aubergiste

P.-S. : Ce livre est un recueil de recettes, pas d'œuvres d'art. Arrêtez de regarder les images en vous disant que ça a l'air bon. C'est bon, je le sais. Mettez de la musique, versez-vous un verre de cidre ou un rosé bien frais et cuisinez en anticipant le plaisir de vos convives. C'est ce qu'on a fait en écrivant le livre. C'est fou comme ça fait du bien.

Introduction

La vie en Nouvelle-France

Avant 1763, l'ensemble des territoires de l'Amérique du Nord qui se trouvaient sous l'administration française portait le nom de Nouvelle-France. Environ 10 000 hommes, femmes et enfants s'établirent au Canada entre 1608 et 1756. La majorité de ces immigrants provenaient du nord-ouest de la France (Normandie, Perche, Loire, Île-de-France, Bretagne, Poitou, Saint-Onge, Aunis). Ils étaient, pour la moitié, d'origine citadine et pour la plupart, artisans de métier. Selon les historiens, le tiers de cette population était alphabétisé et appartenait à une classe sociale plutôt pauvre. Bon nombre d'entre eux choisirent de se recycler dans l'agriculture, suite à l'instauration du système seigneurial. Ces nouveaux arrivants cultivaient surtout le blé pour produire du pain mais aussi de l'orge et du tabac. Ils avaient un potager afin d'obtenir des légumes et possédaient quelques bêtes qui leur donnaient des produits laitiers, des œufs et de la viande pour nourrir leur famille.

À leur arrivée, les premiers colons ont aussi fait la découverte d'aliments comme le maïs, la citrouille, ainsi que celle de certains fruits sauvages. À cette époque, le maïs était la céréale des Amérindiens. Cependant, pour les immigrants français, le maïs avait un désavantage de taille : il était impossible de l'utiliser pour produire un pain aussi bon, léger et moelleux que celui fait avec du blé.

MARTIN
DES AUBERGISTES
25

Bien que la vie des premiers habitants de la Nouvelle-France ait été plutôt rude au cours des premières années de la colonisation, il apparaît que leur qualité de vie s'améliora considérablement vers le XVIIIe siècle, une fois que les terres furent défrichées et cultivées. Les historiens rapportent même que, à cette époque, les premiers Canadiens bénéficiaient d'une qualité de vie plus agréable que celle de la majorité des Européens. En effet, alors que la plupart des Européens se couchaient l'hiver le ventre vide, car ils ne se nourrissaient que de gros pain et de soupe de légumes, les Canadiens disposaient d'une importante réserve de viande, de poisson, de lait, de beurre, de fruits et de légumes frais en saison, et de pain de blé.

Se nourrir en Nouvelle-France

Lors de la fondation de la Nouvelle-France, les produits importés de France étaient plutôt du domaine du luxe et plus accessibles aux citadins qu'aux gens de la campagne. En revanche, la bière artisanale et les vins de fruits domestiques étaient de consommation courante dès 1634. À cette époque, le peuple se nourrissait encore de galette, de pain et de potages. Il mangeait des œufs et de l'agneau à Pâques, de la poule ou du chapon à Noël et supportait une cinquantaine de jours de jeûne et d'abstinence par année. Les premières générations de Canadiens mangeaient « à l'européenne » et la cuisine du peuple s'inspirait encore du savoir-faire culinaire de l'époque médiévale. En fait, la révolution culinaire qui va faire entrer la gastronomie française dans l'ère moderne ne se produira qu'au XVIIe siècle. À ce moment, les plats perdront leur saveur lourdement épicée, laissant ainsi la place à la saveur naturelle des produits utilisés. D'ailleurs, une phrase du cuisinier du XVIIe siècle Pierre de la Varenne résume bien la philosophie de l'époque à ce sujet : « Quand je mange une soupe aux choux, je veux qu'elle ait goût de chou. »

C'est aussi à cette époque que des plats plus typiques du pays, comme la tourtière, feront leur apparition sur les tables de la Nouvelle-France. Ce plat n'est, à l'époque, qu'un pâté composé de morceaux de tourte, baignés dans une sauce blanche, et n'a bien sûr rien à voir avec le pâté de lard haché que nous connaissons actuellement. Les premiers colons utilisaient aussi, à l'occasion, des techniques de conservation inspirées des Amérindiens, comme le fumage de la viande et, surtout, du poisson. Ces dernières ne remplaçaient cependant pas l'usage généralisé de la salaison venant d'Europe. La technique d'inspiration autochtone la plus populaire fut l'enfouissement de la nourriture dans le sol, en hiver, pour la protéger du gel.

Livres de recettes et grands cuisiniers

C'est surtout aux femmes et aux institutions religieuses que l'on doit le développement d'une tradition culinaire au Québec. À l'époque, les « filles du roi » qui débarquaient au pays pour venir se marier étaient rapidement prises en charge par les religieuses. Ces dernières leur enseignaient, entre autres, la cuisine et les arts ménagers. Il faudra ensuite attendre jusqu'en 1840 pour que soit publié au Québec le premier livre de recettes intitulé *La Cuisinière canadienne*. Ce livre, destiné à la ménagère québécoise, s'inspire de cuisine pratiquée au pays mais aussi des cuisines française, anglaise et même américaine, dont les recettes circulaient à l'époque au Québec. Entre 1480 et 1800, les livres de cuisine constituent un secteur peu important de l'édition française. Seulement 50 textes distincts ont été recensés dans le domaine culinaire pour cette période. Certains titres connurent un succès si important qu'ils furent réédités à plus de vingt reprises. Le *Cuisinier François*, ouvrage capital marquant le passage de la cuisine médiévale d'antan à la cuisine moderne, est un de ceux-là. Publié à plus de 250 000 exemplaires avec environ 250 éditions, il fut réimprimé en France jusqu'en 1815. C'est aussi le premier ouvrage de cuisine à avoir été traduit en anglais.

Son auteur, François Pierre de La Varenne, fut le cuisinier du marquis d'Uxelles, gouverneur de Chalon-sur-Saône. Il est l'inventeur de la béchamel. C'est en perfectionnant une sauce plus ancienne à base de crème pour remplacer un plat destiné à Marguerite de Navarre qu'il fit cette découverte. De La Varenne publia le

Cuisinier François en 1651. Ce livre de cuisine est le premier à mettre en pratique, de façon codifiée et méthodique, les innovations culinaires qui furent réalisées en France au XVIIe siècle. C'est aussi le premier livre de l'époque où l'on peut retrouver des recettes encore connues aujourd'hui comme : le bœuf à la mode, les œufs à la neige, la bisque, etc. Le lecteur y retrouve aussi la première recette de millefeuilles. De plus, il faut aussi savoir que c'est De La Varenne qui a inventé la duxelles (cette pâte de champignons utilisée pour enrichir et donner du goût aux sauces, aux ragoûts et aux soupes) et qu'il a remplacé les sauces à base de pain par les roux. Il a aussi détrôné l'usage du saindoux en cuisine par celui du beurre.

François Vatel est aussi une figure importante de l'histoire culinaire de cette époque. Son histoire a d'ailleurs été adaptée au cinéma par Roland Joffé en 2000 dans un film intitulé *Vatel*. C'est l'acteur Gérard Depardieu qui tenait le rôle de ce grand maître d'hôtel français.

François Vatel fut au service de Nicolas Fouquet et du Grand Condé. Il prépara pour eux de nombreux festins de plusieurs milliers de couverts. Il était maître d'hôtel, et non un célèbre grand maître culinaire du siècle de Louis XIV, comme la légende a longtemps voulu nous le faire croire. L'élément marquant de sa vie fut sans nul doute son suicide spectaculaire. L'histoire nous rapporte en effet qu'en avril 1671 le prince de Condé confia à Vatel la tâche d'organiser une fête en l'honneur de Louis XIV pour trois mille invités. La réception commença un jeudi soir et fut marquée par quelques incidents. Le lendemain, à l'aube, Vatel s'informa de l'arrivée de la marée pour la table du jour et apprit que seuls deux paniers de poissons étaient arrivés. Il aurait alors déclaré : « Je ne survivrai pas à cet affront-ci » pour ensuite gagner sa chambre, et se transpercer le cœur avec son épée.

Quant à Antoine Parmentier, bien qu'il ne fût pas cuisinier mais plutôt pharmacien, on lui doit cependant d'avoir réussi à convaincre les Français des bienfaits de la pomme de terre. En effet, ce tubercule n'était alors considéré par nos cousins européens que comme une nourriture « bonne pour les cochons ». C'est au cours d'une incarcération en Allemagne pendant la guerre de Sept Ans, contre la Grande-Bretagne et la Prusse, qu'il découvre la qualité nutritive de la pomme de terre. En 1785, Parmentier fait découvrir et apprécier à Louis XVI le tubercule, en lui apportant des tiges fleuries que le roi choisit de porter à la boutonnière et la reine dans sa coiffure. Tous deux demandèrent ensuite à goûter les « parmentières » comme on appelait alors les pommes de terre. Quelque temps plus tard, avec l'appui du roi Louis XVI, Parmentier tente de développer la culture de la pomme de terre en créant une plantation de ce tubercule dans la plaine des Sablons, à Neuilly. Les historiens rapportent qu'il aurait fait garder l'emplacement, de jour seulement, par les soldats du roi, afin d'intriguer la population. La rumeur se répand alors que si l'armée est là pour en interdire l'accès c'est que ce qui pousse dans cette plaine doit avoir de la valeur. En l'absence de garde, les précieux tubercules sont dérobés au cours de la nuit. Ce qui en assure, par la suite, la publicité. Cette initiative contribua à introduire la pomme de terre dans la société française. C'est cependant lors de la famine de 1789 que sa culture se répandit pour ensuite devenir un produit de base de notre alimentation vers 1840. Le « hachis parmentier », un autre plat de tradition française, doit aussi son nom à cet illustre pharmacien et nutritionniste français.

Ce livre vous fera découvrir l'histoire de la Nouvelle-France à travers sa cuisine, et vous aidera à comprendre le mode de vie des colons de l'époque, grâce aux recettes de leur vie de tous les jours, ainsi que celles des occasions spéciales. Découvrez et cuisinez ces savoureuses recettes du terroir canadien-français qui, encore aujourd'hui, vous mettront l'eau à la bouche !

Entrées

Potage à la citrouille et au cumin

Avec le maïs et le haricot, la citrouille était l'une des bases de l'alimentation de certains peuples autochtones. Ils la mangeaient séchée — « comme la viande des sauvages » —, cuite sous la cendre ou encore en ragoût avec du gibier. L'Europe a découvert la citrouille lors du retour de Christophe Colomb de son premier voyage, en 1492.

Préparation : 30 min ▌ Cuisson : 1 h 25 ▌ Portions : 6 à 8

- La chair fraîche d'une citrouille de 450 g (1 lb), coupée en deux et épépinée
- 2 c. à soupe de beurre
- 2 c. à soupe d'huile
- 1 oignon moyen, émincé
- 2 carottes moyennes, émincées
- 2 c. à soupe de fines herbes
- 1 c. à café (1 c. à thé) de cumin moulu
- 375 ml (1 ½ tasse) de vin blanc
- 1,5 litre (6 tasses) de bouillon de volaille
- 250 ml (1 tasse) de crème 35 %
- Sel et poivre

- Préchauffer le four à 180 °C (350 °F).
- Huiler légèrement l'intérieur de la citrouille. Disposer les moitiés, face coupée vers le bas, sur une plaque allant au four. Cuire environ 40 min, jusqu'à ce la chair se détache facilement de la peau.
- Réduire en purée.
- Dans une casserole, faire fondre le beurre et ajouter l'huile.
- Faire suer les oignons et les carottes.
- Ajouter les fines herbes, le cumin, le sel et le poivre. Faire revenir 3 min.
- Déglacer avec le vin blanc et laisser réduire du tiers.
- Ajouter la citrouille en purée ainsi que le bouillon de volaille.
- Laisser mijoter à couvert 45 min.
- Passer au robot culinaire. Remettre sur le feu et ajouter la crème.
- Chauffer jusqu'à ébullition.

Servez ce potage avec quelques croûtons grillés et un trait de crème.

Sagamité des Hurons

On dit qu'il y a autant de recettes de sagamités qu'il y a de chefs ou de cuisiniers ! Tout le monde semble avoir la recette. Voici celle des Hurons, qui étaient de grands alliés des Français à l'époque. Très consistant, ce potage était souvent servi comme plat unique.

Préparation : 30 min **Cuisson :** 40 min **Portions :** 6 à 8

- 2 c. à soupe d'huile
- 2 c. à soupe de beurre
- 225 g (½ lb) de lardons fumés
- 225 g (½ lb) de petit gibier (ex. : 2 cuisses de canard ou de lièvre)
- 225 g (½ lb) de saumon, de truite ou d'un autre poisson
- 341 ml (12 oz) de maïs en grains
- 1 courgette verte moyenne, en cubes
- 1 oignon moyen, en cubes
- 2 carottes moyennes, en cubes
- 2 c. à soupe d'aneth
- ½ c. à café (½ c. à thé) de thym frais
- 3 c. à soupe de persil frais, haché
- Sel et poivre
- 2 litres (8 tasses) de bouillon de volaille

- Dans une casserole, faire revenir à l'huile et au beurre les lardons et le petit gibier jusqu'à coloration dorée.
- Ajouter le poisson et les légumes. Cuire 5 min de plus.
- Ajouter les fines herbes, le sel, le poivre et le bouillon. Laisser mijoter 40 min.
- Retirer du feu et laisser reposer 10 min.
- Dégraisser et servir.

Le bouillon clair en fait autant un plat d'été qu'un plat d'hiver.

Brouet d'oignons à la bière noire et au cheddar de l'Île-aux-Grues

Voici une version un peu surprenante de cette recette classique de la cuisine lyonnaise. Les colons étaient de grands consommateurs d'oignons, qu'ils aimaient souvent manger crus.

Préparation : 15 min | Cuisson : 35 min | Portions : 4

- 2 c. à soupe de beurre
- 3 c. à soupe d'huile d'olive
- 2 gros oignons, émincés
- 1 carotte, en julienne
- Sel et poivre
- 2 brins de romarin frais
- 1 bouteille de bière noire Boréale
- 1 litre (4 tasses) de bouillon de bœuf
- 4 croûtons de pain grillés
- 300 g (2 tasses) de cheddar de l'Île-aux-Grues

- Dans une casserole, faire fondre le beurre, ajouter l'huile, faire colorer les oignons et les carottes.
- Ajouter le sel, le poivre et le romarin, puis déglacer avec la bière.
- Porter à ébullition et ajouter le bouillon. Laisser mijoter environ 25 min.
- Préchauffer le four à 200 °C (400 °F).
- Mettre la préparation dans des bols allant au four, puis garnir de croûtons et de fromage.
- Gratiner au four et servir.

Acras de poisson et de crevettes

Autrefois composé de restes, l'acra est devenu un symbole de la cuisine des îles. On raconte qu'une Normande en manque de pommes de terre pour faire ses beignets aurait été aidée par une esclave noire qui lui aurait proposé de les remplacer par des flocons de morue. Au même moment, un jeune hindou aurait eu l'idée d'y ajouter des fines herbes et du piment. Cette anecdote démontre bien le métissage que subissent toute les cuisines du monde. Les crevettes de Matane font de cette recette une variante bien québécoise.

■ Préparation : 50 min ■ Cuisson : 10 min ■ Portions : 4

COURT-BOUILLON

2 litres (8 tasses) d'eau

250 ml (1 tasse) de vin blanc

1 citron, coupé en quatre

1 petit oignon, coupé en deux

1 pincée de thym frais

1 c. à café (1 c. à thé) de persil frais

1 c. à soupe d'aneth

Sel et poivre

PÂTE À FRIRE

150 g (1 tasse) de farine blanche

1 c. à soupe de levure chimique (poudre à lever)

1 œuf

125 ml (½ tasse) d'eau

1 c. à soupe d'herbes de Provence

Sel et poivre

3 c. à soupe huile d'olive pimentée

1 citron, en quartiers

ACRAS

600 g (1 ½ lb) de poisson blanc (sole, lotte, doré, morue, etc.)

225 g (½ lb) de crevettes de Matane

COURT-BOUILLON

- Dans une casserole, incorporer l'eau, le vin, le citron, l'oignon, les fines herbes et les condiments. Porter à ébullition.
- Ajouter le poisson et les crevettes. Laisser mijoter à feu moyen 4 à 5 min.
- Retirer et bien égoutter. Laisser refroidir 30 min.

PÂTE À FRIRE

- Pendant ce temps, dans un bol, tamiser ensemble la farine et la levure chimique.
- Ajouter l'œuf et tous les ingrédients secs.
- Incorporer l'eau graduellement. Mélanger jusqu'à l'obtention d'un mélange homogène. Laisser reposer 30 min.

ACRAS

- Effeuiller le poisson et y incorporer la pâte peu à peu afin d'obtenir une consistance assez ferme pour former des boules.
- Cuire à la friteuse à 180 °C (350 °F) de 2 à 3 min, jusqu'à l'obtention d'une couleur dorée.
- Garnir d'un filet d'huile d'olive et d'un quartier de citron.

Brandade de morue

La morue fut sans conteste la reine des mers en Nouvelle-France. « Morue au matin, morue au midi et morue par-ci et par-là, tout n'est que morue... » Extrait de Nouvelle Relation de la Gaspésie *de LeClercq, 1691.*

Préparation : 30 min ▪ Cuisson : 30 à 45 min ▪ Portions : 6

- 1 kg (2 ¼ lb) de pommes de terre, pelées (de préférence rouges, car elles sont plus crémeuses)
- 500 ml (2 tasses) de crème 35 %
- 150 g (⅓ lb) de beurre
- 125 ml (½ tasse) de vin blanc
- 125 ml (½ tasse) d'eau
- 1 citron, coupé en quatre
- 1,5 kg (2 ½ à 3 ½ lb) de filets de morue fraîche
- 300 g (2 tasses) de gruyère, râpé
- 2 c. à soupe d'aneth frais, haché
- 18 bâtonnets de pain grillé de 3 cm (1 ¼ po) de largeur, frottés à l'ail
- Sel et poivre

La morue salée est plus facile à se procurer que la morue fraîche et nettement moins chère. Elle peut la remplacer à condition d'être bien dessalée. Faites-la tremper toute la nuit, changez l'eau le lendemain matin et répétez 2 ou 3 fois.

- Dans une casserole, cuire les pommes de terre dans l'eau bouillante salée environ 20 min, jusqu'à ce qu'elles soient tendres. Égoutter.
- Écraser les pommes de terre en y incorporant la moitié de la crème et du beurre.
- Mélanger jusqu'à l'obtention d'un mélange homogène. Réserver.
- Dans une casserole, mélanger le vin blanc, l'eau et le citron. Porter à ébullition.
- Ajoutez la morue. Réduire la chaleur à feu moyen. Laisser mijoter 10 min.
- Bien égoutter le poisson et défaire les filets de morue en flocons en prenant soin d'enlever minutieusement toutes les arêtes.
- Incorporer les flocons de poisson à la purée de pomme de terre. Ajouter le fromage.
- Ajouter le restant de la crème et du beurre ainsi que l'aneth. Saler, poivrer et remuer jusqu'à consistance lisse.
- Déposer le mélange dans des ramequins allant au four (un par personne).
- Badigeonner avec un peu de beurre. Cuire au four à 180 °C (350 °F). Faire dorer le dessus.
- Piquer les bâtonnets de pain dans la brandade et servir.

Éperlans frits à l'aneth

Il existe deux sortes d'éperlans : l'éperlan de lac et l'éperlan de mer. L'éperlan de mer est beaucoup plus gros et convient mal à cette recette. Vous aurez probablement de la difficulté à trouver de l'éperlan frais, mais soyez assuré que l'éperlan congelé fait très bien l'affaire.

■ Préparation : 20 min ■ Cuisson : 10 min ■ Portions : 4

ÉPERLANS

- 150 g (1 tasse) de farine tout usage
- 3 c. à soupe de fines herbes ou d'herbes de Provence
- 1 c. à café (1 c. à thé) de sel
- 1 c. à café (1 c. à thé) de poivre
- 700 g (1 ½ lb) d'éperlans, nettoyés
- 225 g (½ lb) de lard salé, en cubes
- 3 c. à soupe d'huile
- 3 c. à soupe de beurre

SAUCE

- 125 ml (½ tasse) de crème 35 %
- 2 c. à soupe d'aneth frais, haché grossièrement
- Le jus d'un citron
- Sel et poivre

ÉPERLANS

- Préchauffer le four à 150 °C (300 °F).
- Dans un bol, mélanger la farine, les fines herbes, le sel et le poivre.
- Fariner les éperlans dans le mélange et enlever le surplus.
- Dans un poêlon à haut bord, chauffer le lard, l'huile et le beurre. Ranger ensuite les éperlans sans qu'ils ne se chevauchent.
- Griller de chaque côté environ 3 min, jusqu'à ce qu'ils soient bien dorés.
- Déposer sur une plaque et cuire au four 10 min.

SAUCE

- Fouetter la crème avec vigueur jusqu'à ce qu'elle ait une consistance molle.
- Ajouter l'aneth, le jus du citron ainsi qu'une pincée de sel et de poivre.
- Servir les poissons et la sauce dans des plats séparés pour éviter que la crème ne fonde.

Quenelles aux deux truites, sauce aux œufs d'omble

Dès le Ier siècle, les Romains étaient de grands consommateurs de quenelles. Apicius en a d'ailleurs donné quelques recettes dans ses écrits. Ce n'est donc pas d'hier que ces préparations de viande ou de poisson émietté régalent les gourmets.

Préparation : 30 min ▪ Cuisson : 10 à 15 min ▪ Portions : 4 à 6

QUENELLES

340 g (¾ lb) de truite fumée
340 g (¾ lb) de truite arc-en-ciel fraîche
500 ml (2 tasses) d'eau
500 ml (2 tasses) de vin blanc
Le jus d'un citron
Sel et poivre
8 blancs d'œufs
2 c. à soupe d'aneth frais
250 ml (1 tasse) de crème 35 %
3 c. à soupe de fromage à la crème

SAUCE

2 c. à soupe de beurre
1 petit oignon, haché finement
1 c. à soupe de fines herbes
1 pot d'œufs d'omble rouge (115 g/4 oz)

QUENELLES

- Dans une casserole, cuire les poissons avec la moitié de l'eau et du vin environ 15 min, jusqu'à ce qu'ils se défassent en flocons. Saler et poivrer au goût.
- Retirer du feu, bien égoutter et laisser refroidir 15 min. Réserver l'eau de cuisson.
- Faire un court-bouillon avec le reste de l'eau et du vin ainsi que le jus de citron.
- Passer les flocons de poisson au mélangeur avec les blancs d'œufs, l'aneth, la moitié de la crème et le fromage à la crème jusqu'à l'obtention d'un mélange homogène.
- Façonner le mélange en quenelles. Pour obtenir des quenelles parfaites, utilisez deux cuillères de bois pour rouler le mélange.
- Cuire dans le court-bouillon 5 min à ébullition moyenne. Retourner les quenelles pendant la cuisson.
- Retirer, égoutter sur un linge propre et réserver. Réserver aussi le bouillon.

SAUCE

- Dans une casserole, faire suer au beurre les oignons avec les fines herbes environ 5 min.
- Mouiller avec la moitié du jus de cuisson, incorporer les œufs d'omble et laisser réduire 5 min à feu moyen.
- Ajouter l'autre moitié de la crème et cuire 10 min à feu doux.
- Passer le tout au mélangeur pour obtenir une sauce lisse.
- Réchauffer les quenelles dans le jus de cuisson. Verser la sauce au fond d'une assiette et disposer joliment les quenelles. Garnir d'œufs d'omble et servir.

Ce plat peut être servi aussi bien en entrée qu'en plat principal.

Tartare de saumon aux cerises de terre

Tout l'intérêt de ce tartare repose sur l'utilisation de la cerise de terre, qui apporte un contrepoint sucré à ce mets normalement salé. Achetez du saumon frais sans la moindre hésitation. Cette recette est d'une simplicité remarquable ! Également appelée groseille du Cap ou amour en cage, la cerise de terre québécoise est disponible en petite quantité à la fin de l'été. On cherchera des fruits d'un jaune or soutenu qui offrent une saveur inégalable. En hiver, on trouve sur le marché des cerises de terre d'Amérique latine à saveur plus acidulée.

■ Préparation : 15 min ■ Cuisson : aucune ■ Portions : 4

100 g (½ tasse) de cerises de terre, hachées

2 branches d'échalotes vertes, hachées

Le jus et le zeste d'un citron vert

1 c. à café (1 c. à thé) de sel de Guérande

1 pincée de poivre concassé

3 c. à soupe d'huile d'olive

3 c. à soupe de vin blanc

600 g (1 ⅓ lb) de filet de saumon, sans la peau et haché grossièrement

- Bien mélanger tous les ingrédients dans un bol.
- Servir en canapés sur des biscottes ou encore pour une entrée individuelle moulée dans des ramequins. Décorer avec des cerises de terre.

Aumônières de gésiers de canard

À la campagne, lorsqu'on faisait « boucherie », on utilisait toutes les parties de l'animal. Longtemps considérés comme une nourriture pour les pauvres, les abats refont aujourd'hui leur apparition sur les plus grandes tables et sont maintenant un signe de gastronomie...

Préparation : 30 min **Cuisson :** 1 h 15 **Portions :** 6

- 1 c. à soupe de beurre
- 1 c. à soupe d'huile
- 1 oignon moyen, haché
- 450 g (1 lb) de gésiers de canard
- 250 ml (1 tasse) de vin rouge
- 1 c. à soupe de romarin frais
- Sel et poivre
- 1 litre (4 tasses) de fond de veau
- 450 g (1 lb) de pâte feuilletée, coupée en six
- 1 œuf, battu

- Dans une casserole, faire fondre le beurre et ajouter l'huile.
- Faire revenir les oignons et les gésiers jusqu'à coloration.
- Déglacer avec le vin rouge et le romarin. Saler et poivrer. Laisser réduire de moitié.
- Ajouter le fond de veau et laisser mijoter à couvert 45 min. Égoutter et laisser refroidir 1 h.
- Préchauffer le four à 180 °C (350 °F).
- Abaisser la pâte en carrés de 8 x 8 cm (3 x 3 po).
- Déposer le mélange au centre de chaque carré et badigeonner le contour avec l'œuf battu.
- Refermer en ramenant les quatre coins ensemble pour former une aumônière (petite pochette).
- Terminer en tournant l'excédent de pâte.
- Badigeonner les pochettes avec le restant de l'œuf.
- Cuire au four environ 30 min, jusqu'à coloration désirée.
- Servir une aumônière par personne et napper de Sauce marchand de vin (p. 109).

Rillettes de canard aux pommes et à l'eau-de-vie

Le mot « rillettes » tire son origine du vieux mot français « rille ». Traditionnellement destinées à conserver le porc, les rillettes sont aujourd'hui fabriquées avec plusieurs variétés de viandes : canard, oie, lapin, gibier, etc. Plat simple et convivial, les rillettes sont posées sur la table et tout le monde pioche dans la terrine.

Préparation : 30 min ■ Cuisson : 40 min ■ Réfrigération : 4 h ■ Portions : 6

430 g (2 tasses) de gras de canard
1 oignon moyen, haché finement
5 cuisses de canard confites, effilochées
2 pommes, pelées et hachées finement
1 c. à soupe d'herbes de Provence
90 ml (3 oz) de calvados

- Dans une casserole, faire fondre doucement le gras. Ajouter les oignons, le canard et les pommes.
- Cuire à feu doux 40 min. Retirer du feu et laisser reposer 15 min.
- Enlever la moitié du gras.
- Ajouter les fines herbes et le calvados. Bien mélanger le tout.
- Transvaser le mélange dans une terrine.
- Réfrigérer au moins 4 h avant de servir.

Servez ces rillettes avec des biscottes ou du pain grillé.

Viandes séchées à la mode amérindienne

Les longues expéditions des Amérindiens les forçaient à transporter des provisions pour plusieurs jours. La viande séchée était évidemment très prisée par ces grands voyageurs. Nous vous proposons une version moderne de cette recette très ancienne.

■ Préparation : 30 min ■ Cuisson : 35 min ■ Réfrigération : 8 h ■ Portions : 4

- 450 g (1 lb) de fesse de cerf, en tranches fines
- 175 ml (¾ tasse) de mélasse
- 2 gousses d'ail, hachées
- ½ oignon, haché
- 4 c. à soupe de gros sel à marinade
- 80 ml (⅓ tasse) de vin rouge
- 1 c. à soupe de poivre concassé
- 80 ml (⅓ tasse) d'huile d'olive
- 2 c. à soupe de cari
- 1/2 c. à café (½ c. à thé) de piment fort broyé
- 1 c. à café (1 c. à thé) de thym frais
- 1 c. à café (1 c. à thé) de romarin frais

- Dans un bol, bien mélanger tous les ingrédients et laisser mariner 8 h au réfrigérateur.
- Préchauffer le four à 135 °C (275 °F).
- Disposer les tranches sur une plaque légèrement graissée allant au four.
- Cuire au four 20 min. Retourner la viande et cuire 15 min de plus.
- Laisser refroidir avant de servir.

Si vous désirez une texture moelleuse, diminuez le temps de cuisson. Si, au contraire, vous préférez une viande plus sèche, laissez plus longtemps au four. Vous pouvez remplacer le cerf par de l'intérieur de ronde de bœuf. La viande séchée est idéale comme collation lors de randonnées et on peut aussi la servir en entrée avec d'autres charcuteries.

Poissons

Koulibiac de saumon du vieux continent

En russe, le mot « koulibiac » signifie littéralement « une fois que tu l'as mangé, tu n'as plus faim ».

■ Préparation : 45 min ■ Repos : 30 min ■ Cuisson : 1 h ■ Portions : 8

300 g (1 ½ tasse) de riz blanc à grains longs
500 ml (2 tasses) d'eau
125 ml (½ tasse) de vin blanc
12 champignons de Paris, émincés
1 oignon, haché finement
3 échalotes vertes, émincées
2 c. à soupe de persil frais, haché
2 c. à soupe de romarin frais, haché
250 ml (1 tasse) de crème 35 %
6 c. à soupe de parmesan, râpé
900 g (2 lb) de pâte feuilletée
5 œufs, cuits dur et coupés en deux
450 g (1 lb) d'épinards, ciselés
1,5 kg (3 lb) de filet de saumon entier, sans peau
1 œuf, battu

- Dans une casserole, mettre le riz, l'eau, le vin, les légumes et les fines herbes. Porter à ébullition et cuire 5 min à couvert.
- Ajouter la crème, couvrir et cuire environ 10 min de plus à feu doux, jusqu'à ce que le riz soit tendre.
- Ajouter le fromage et laisser reposer 30 min à température ambiante.
- Préchauffer le four à 180 °C (350 °F).
- Abaisser la pâte en un rectangle de la longueur du filet de saumon ayant 6 mm (¼ po) d'épaisseur.
- Mettre la moitié du riz sur la pâte et ajouter les œufs durs sur la longueur, puis les épinards.
- Ajouter le filet de saumon entier sur le dessus et terminer avec le reste du riz.
- Fermer la pâte en formant un cylindre et bien fermer les extrémités.
- Faire quelques incisions sur le dessus de la pâte pour laisser sortir la vapeur.
- Badigeonner avec l'œuf battu.
- Cuire au four environ 1 h, jusqu'à ce que la croûte soit bien dorée.
- Laisser reposer 15 min. Découper en tranches et servir avec de la Duxelles de champignons (p. 103).

Médaillon de saumon au cheddar et à la lavande bleue

Ce plat, une création originale du chef Bradette, est l'un des préférés de la clientèle du Cabaret du Roy. *La présence inattendue de la lavande est d'autant plus surprenante qu'elle s'allie parfaitement au goût du cheddar.*

Préparation : 15 min | Cuisson : 10 min | Portions : 4

- 2 c. à soupe beurre
- ½ oignon, haché
- 250 ml (1 tasse) de vin blanc
- 250 g (1 ¾ tasse) de cheddar fort Perron (2 ans), râpé
- 1 pincée de pistils de lavande bleue
- Sel et poivre
- 250 ml (1 tasse) de crème 35 %
- 4 filets de saumon de 200 g (7 oz) chacun, sans la peau

- Dans une poêle, chauffer le beurre et faire suer les oignons 2 min. Déglacer avec le vin et faire réduire de moitié.
- Ajouter le cheddar et la lavande. Bien remuer jusqu'à consistance homogène. Saler et poivrer au goût.
- Ajouter la crème et laisser réduire du tiers.
- Mettre le saumon dans la sauce.
- Cuire à légère ébullition 2 min de chaque côté et servir avec la sauce.

Pâté au saumon à la bonne femme

En cuisine, les expressions « à la bonne femme », « à la paysanne » et « à la ménagère » font référence à un plat simple, familial ou rustique.

Préparation : 30 min ▌ Cuisson : 45 min ▌ Portions : 4

- 2 c. à soupe de beurre
- 1 oignon, émincé
- 4 pommes de terre, en tranches
- 1,5 litre (6 tasses) d'eau
- Sel et poivre
- 1 c. à soupe de sarriette fraîche, hachée
- 1 c. à soupe de ciboulette fraîche, hachée
- 1 c. à soupe d'aneth frais, haché
- 700 g (1 ½ lb) de filets de saumon frais, en dés
- 2 abaisses de 25 cm (10 po)
- 1 œuf
- 2 c. à soupe d'eau

- Dans une casserole, chauffer le beurre et faire suer les oignons environ 2 min.
- Ajouter les pommes de terre, l'eau, le sel, le poivre et porter à ébullition.
- Ajouter les fines herbes, le saumon et cuire 10 min à feu moyen.
- Égoutter et réfrigérer 15 min.
- Préchauffer le four à 190 °C (375 °F).
- Garnir le moule à tarte avec une abaisse.
- Disposer la préparation sur la pâte et bien refermer avec l'autre abaisse.
- Mélanger l'œuf et l'eau, puis badigeonner le dessus du pâté.
- Cuire au four environ 30 min, jusqu'à l'obtention d'une croûte bien dorée.

Saumon au sel de Guérande

Dans Propos de table, *Plutarque écrivait : « Le sel est un aliment qui agrémente les autres aliments ; de la nourriture nécessaire, il fait une nourriture agréable. » Quant au roi Louis XIV, il n'acceptait à sa table que le sel de Guérande, auquel il trouvait un subtil parfum de violette.*

Préparation : 10 min ■ Cuisson : 15 min ■ Portions : 4

SAUMON

4 c. à soupe de sel de Guérande

900 g (1 ¾ lb) de filets de saumon avec la peau écaillée, taillés en 4 pavés

SAUCE

125 ml (½ tasse) de vin blanc

1 c. à soupe d'aneth frais, haché

½ c. à café (½ c. à thé) de poivre concassé

125 ml (½ tasse) de crème 35 %

2 c. à soupe de beurre

SAUMON

- Préchauffer le four à 190 °C (375 °F).
- Chauffer une grande poêle allant au four. Étendre le sel au fond de la poêle et déposer le saumon du côté peau. Couvrir et cuire 5 min à feu moyen.
- Cuire au four 8 min, toujours à couvert.
- Sortir du four et laisser reposer 4 min avant de servir.

SAUCE

- Dans une petite casserole, mettre le vin, l'aneth et le poivre. Porter à ébullition et laisser réduire du tiers.
- Ajouter la crème et laisser réduire du tiers.
- Ajouter le beurre, porter à ébullition et verser sur le saumon.

Il est important de noter que dans cette recette le poisson ne doit être cuit que d'un seul côté.

Morue poêlée aux herbes

Dès le début du XVIe siècle, les bancs de morues des rivages de Terre-Neuve étaient très prisés. Le séchage du poisson sur le rivage prenait plusieurs semaines au cours desquelles les pêcheurs devaient entretenir de bonnes relations avec les autochtones avides d'obtenir des articles de métal et des vêtements (couteaux et haches en fer, chaudrons, etc.). En échange, ils leur offraient des fourrures et de la viande fraîche. En Europe, les pêcheurs revendaient ces fourrures qui leur rapportaient des profits considérables.

Dessalage : 24 h ▪ Préparation : 15 min ▪ Cuisson : 5 min ▪ Portions : 4

1 kg (2 lb) de morue salée
Sel et poivre concassé
1 c. à soupe de beurre
1 c. à soupe d'huile d'olive
1 bouquet de cerfeuil, haché
1 bouquet d'estragon, haché
60 ml (¼ tasse) de vin blanc

- Dans un bol, faire tremper la morue pendant 24 h en changeant l'eau au moins deux fois.
- Assécher la morue avec du papier absorbant. Saler et poivrer.
- Dans une poêle, faire fondre le beurre, ajouter l'huile et saisir la morue 3 min de chaque côté.
- Ajouter le cerfeuil, l'estragon et le vin blanc.
- Couvrir et cuire 5 min à feu doux.
- Retirer la morue et réserver. Faire réduire le jus de cuisson de moitié et servir sur le poisson.

VIANDES ET VOLAILLES

Gigot d'agneau et compote d'oignon

Très utile pour sa laine, l'agneau était rarement consommé dans la colonie. On attendait généralement d'avoir un vieux mouton dont le lainage laissait à désirer avant de faire boucherie. Avouons que l'agneau est bien meilleur...

Préparation : 10 min ▪ Cuisson : 55 min ▪ Portions : 6

- 4 c. à soupe d'huile d'olive
- Sel et poivre
- Thym frais
- 2 gousses d'ail, hachées
- 1 gigot d'agneau de 2 kg (4 ½ lb)
- 3 oignons, émincés
- 2 c. à soupe persil frais, haché
- 500 ml (2 tasses) de vin rouge
- 2 c. à soupe de cassonade ou de sucre roux

- Préchauffer le four à 200 °C (400 °F).
- Mélanger l'huile, le sel, le poivre, le thym et l'ail. Badigeonner le gigot avec le mélange.
- Saisir au four 15 min, puis réduire la chaleur à 160 °C (325 °F).
- Ajouter les oignons, le persil, le vin et la cassonade au fond du plat de cuisson et cuire au four 40 min en arrosant toutes les 10 min.
- Retirer du four et laisser reposer 5 min.
- Découper l'agneau en tranches et servir nappé de compote d'oignon.

Héricots d'agneau aux herbes

Le mot « héricot » a la même étymologie que le mot « halicoter » qui, au Moyen-Âge, signifiait « mettre en pièce, tailler ». On trouve des variantes de cette recette traditionnelle dans plusieurs anciens manuscrits de cuisine : Le Viandier *de Taillevent,* Le Ménagier de Paris *et* L'École des ragoûts *de La Varenne. À l'origine, le haricot ne faisait pas partie de la liste des ingrédients, mais c'est probablement à cause de la ressemblance des deux mots qu'on a eu la bonne idée de les intégrer par la suite.*

Préparation : 30 min ■ Cuisson : 2 h ■ Portions : 4 à 6

1 c. à soupe d'huile d'olive
500 g (1 lb) de lard fumé, en dés
700 g (1 ½ lb) de cubes d'agneau
2 oignons, émincés
2 carottes, émincées
2 tomates, en dés
1 c. à soupe de thym frais
1 c. à soupe de cerfeuil frais, haché
1 c. à soupe de poivre concassé
500 g (1 lb) de haricots blancs, trempés 1 h et égouttés
2 litres (8 tasses) d'eau
1 litre (4 tasses) de fond de veau
Sel

- Dans une grande casserole, chauffer l'huile, ajouter le lard et laisser colorer.
- Ajouter les cubes d'agneau pour les colorer 5 min.
- Ajouter les oignons, les carottes, les tomates, le thym, le cerfeuil, le poivre et les haricots. Cuire 5 min en remuant.
- Ajouter l'eau, le fond de veau et le sel et cuire à couvert à feu doux pendant 1 h 30 min en remuant fréquemment. Ajouter de l'eau au besoin. Le mélange doit rester couvert de liquide.
- S'assurer que l'agneau et les haricots sont bien tendres avant de servir avec du persil.

Navarin d'agneau aux herbes fraîches

L'origine du mot « navarin » vient du mot « navet ». Depuis la découverte de la pomme de terre, le navet est souvent remplacé par celle-ci, mais l'on continue à donner à ce ragoût le nom de navarin. Voici la version traditionnelle de cette délicieuse recette.

Préparation : 20 min **Cuisson** : 45 min **Portions** : 6

- 1,5 kg (3 lb) d'agneau, en cubes
- 2 c. à soupe de beurre
- 2 c. à soupe d'huile
- 1 gros oignon, haché
- 1 gros navet, en quartiers
- 2 douzaines de champignons de Paris, émincés
- 2 carottes, en fines rondelles
- 2 branches de céleri, émincées
- 1 c. à soupe de thym frais
- 1 c. à soupe de basilic frais
- 1 c. à soupe de cerfeuil
- 1 c. à soupe d'herbes de Provence
- 3 gousses d'ail, hachées
- Sel et poivre
- 250 ml (1 tasse) de vin blanc
- 1,5 litre (6 tasses) de sauce demi-glace

- Dans une poêle bien chaude, saisir les cubes d'agneau 5 min et réserver.
- Dans une casserole, faire fondre le beurre, ajouter l'huile et faire suer 5 min tous les légumes, les fines herbes et l'ail. Saler et poivrer.
- Déglacer avec le vin et laisser réduire du tiers.
- Ajouter la sauce demi-glace, porter à ébullition et laisser mijoter 15 min.
- Incorporer les cubes et cuire à feu doux 30 min à couvert puis 15 min à découvert.
- Laisser reposer 15 min avant de servir.

Casserole de bœuf braisé aux carottes

Semblable au pot-au-feu, ce plat est le roi de l'ordinaire pour le paysan et sa famille. La cuisson lente donne une viande très tendre.

■ Préparation : 15 min ■ Cuisson : 1 h 15 ■ Portions : 6

3 c. à soupe de beurre
1 oignon, haché
6 carottes, émincées
2 gousses d'ail, hachées
Sel et poivre
1 c. à soupe de muscade
2 c. à soupe de persil frais, haché
1,5 litre (6 tasses) de sauce demi-glace
3 c. à soupe d'huile d'olive
1,5 kg (3 ⅓ lb) de cubes de bœuf

- Préchauffer le four à 160 °C (325 °F).
- Faire chauffer le beurre dans une grande casserole allant au four. Ajouter les oignons, les carottes, l'ail, le sel, le poivre, la muscade et le persil. Faire suer 5 min à feu moyen.
- Ajouter la sauce demi-glace et laisser mijoter à feu doux.
- Pendant ce temps, dans une poêle, saisir à l'huile les cubes de bœuf. Saler et poivrer légèrement.
- Ajouter les cubes à la sauce et porter à ébullition. Terminer la cuisson au four 1 h en remuant de temps à autre.

N'oubliez pas de saler ce mets avec du sel de Guérande au moment de servir.

Cassoulet au canard et aux saucisses confites

L'origine du cassoulet se perd dans la nuit des temps. Préparée dans des récipients en terre appelés cassoles, cette potée prendra plus tard le nom de cassoulet. Le haricot blanc, qu'on utilise abondamment dans cette recette, est un haricot d'Amérique.

■ Préparation : 40 min ■ Marinade : 6 h ■ Cuisson : 4 h ■ Donne : 6

6 cuisses de canard
8 saucisses de gibier
2 c. à soupe de gros sel
2 c. à soupe d'ail, haché
1 oignon, haché
2 c. à soupe d'herbes de Provence
860 g (8 tasses) de gras de canard
2 c. à soupe de beurre
2 c. à soupe de gras de canard
340 g (¾ lb) de lard fumé, en dés
2 carottes, émincées
2 branches de céleri entières
3 poireaux, coupés en deux
1 bouquet d'oignons verts, émincés
3 gousses d'ail, hachées
Sel et poivre
3 brins de romarin frais
4 c. à soupe de persil frais, haché
1 c. à café (1 c. à thé) de thym frais
800 g (1 ¾ lb) de haricots blancs
2 litres (8 tasses) d'eau

- Dans un grand plat, mélanger le canard et les saucisses, le sel, l'ail, les oignons et les fines herbes. Faire mariner 12 h au réfrigérateur.
- Retirer le surplus de marinade.
- Dans une grande casserole, chauffer le gras de canard jusqu'à ce qu'il frémisse, ajouter le canard et les saucisses. Cuire le canard 1 h 30 et la saucisse 30 min.
- Dans une grande casserole, faire suer au beurre et au gras de canard le lard, tous les légumes et les fines herbes environ 10 min.
- Ajouter les haricots et cuire 4 min, le temps de bien les enduire d'huile et de fines herbes.
- Ajouter l'eau et porter à ébullition.
- Cuire à couvert 2 h à feu moyen en s'assurant que les haricots restent tendres.
- Laisser reposer 30 min à température ambiante.
- Préchauffer le four à 180 °C (350 °F).
- Mettre les haricots au fond d'une cocotte et ajouter les viandes sur le dessus.
- Cuire au four 30 min pour faire griller les viandes. Laisser reposer 5 min et servir.

Fèves au lard à la poitrine de canard

Les « Boston pork beans », introduites au par les bûcherons de la Nouvelle-Angleterre, sont vite devenus le plat favori des « cooks » des chantiers. La technique de cuisson lente aurait été transmise aux colons américains par les Amérindiens. Voici une variante gastronomique – si cela est possible – de cette recette que tous apprécient.

■ Préparation : 6 h ■ Cuisson : 30 min ■ Portions : 7 à 8 ■ Donne : 1,5 kg (3 lb)

2 c. à soupe d'huile d'olive
500 g (1 lb) de lard fumé, en dés
500 g (1 lb) de poitrine de canard, en dés
700 g (1 ½ lb) de haricots blancs, trempés pendant 6 h et égouttés
3 oignons, hachés
3 gousses d'ail, hachées
1 c. à soupe de gingembre moulu
1 c. à soupe de poivre concassé
1 c. à soupe de thym frais
3 c. à soupe de persil frais, haché
Sel
250 ml (1 tasse) de mélasse
250 ml (1 tasse) de sirop d'érable
3,5 litres (14 tasses) de bouillon de bœuf

- Préchauffer le four à 120 °C (250 °F).
- Dans une grande casserole, chauffer l'huile et faire caraméliser le lard et le canard à feu vif 4 min.
- Ajouter tous les autres ingrédients et porter à ébullition.
- Couvrir et cuire au four dans une grande cocotte (en grès de préférence) pendant 8 h en remuant à mi-cuisson.
- Certains haricots absorbent plus de liquide plus que d'autres ; ajouter un peu de liquide au besoin.
- Laisser reposer 20 min avant de servir.

Pâté du seigneur Hébert

Mets convivial par excellence, le pâté garni d'un mélange de viande suscite toujours bien des discussions dans les chaumières. S'agit-il d'un « seapie », d'un cipaille, d'un six-pâtes, d'une tourtière ou d'une tourte ? Comme c'est souvent le cas, tous prétendent posséder la *vraie recette…*

■ Préparation : 1 h 15 ■ Réfrigération : 1 h ■ Cuisson : 1 h ■ Portions : 6

- 225 g (½ lb) de lard fumé, haché
- 2 oignons moyens, hachés
- 300 g (⅔ lb) de bœuf haché
- 150 g (⅓ lb) d'agneau haché
- 4 cuisses de volaille désossées (canard, poulet, pintade, au goût)
- 250 g (½ lb) de lièvre ou de lapin, désossé
- 1 c. à café (1 c. à thé) de clou de girofle moulu
- 1 c. à café (1 c. à thé) de cannelle moulue
- 1 c. à café (1 c. à thé) de muscade moulue
- 2 à 3 feuilles de laurier
- 2 c. à soupe d'herbes de Provence
- 1 c. à café (1 c. à thé) de thym frais
- 500 ml (2 tasses) de vin rouge
- 2 litres (8 tasses) de sauce demi-glace
- 750 g (1 ½ lb) de pommes de terre, en cubes de 2,5 cm (1 po)
- 3 gousses d'ail, hachées
- 500 g (1 lb) de pâte feuilletée ou de pâte brisée
- 1 œuf, battu

- Dans une grande casserole, faire revenir le lard et les oignons jusqu'à ce qu'ils soient colorés.
- Ajouter les viandes et cuire de 12 min en remuant sans cesse.
- Ajouter les épices, les fines herbes et le vin rouge. Laisser réduire du tiers à feu moyen 12 min.
- Ajouter la sauce demi-glace et porter à ébullition à feu moyen.
- Ajouter les pommes de terre et l'ail.
- Cuire à feu moyen 50 min en remuant fréquemment pour empêcher la préparation de coller au fond.
- Égoutter en laissant approximativement la moitié du bouillon.
- Laisser refroidir 1 h au réfrigérateur avant de mettre en pâte.
- Préchauffer le four à 180 °C (350 °F).
- Dans un plat de 30 x 50 cm (12 x 20 po), remplir les abaisses avec la préparation de viande. Bien refermer les bords et le dessus et faire une entaille au milieu du pâté pour laisser sortir la vapeur.
- Badigeonner avec l'œuf battu et cuire au four environ 1 h, jusqu'à ce que la croûte soit bien dorée.
- Laisser reposer 15 min avant de servir ; le pâté sera ainsi plus ferme et plus facile à découper et à servir.

Pavé de cerf en croûte

Souvent peint sur les murs de la grotte de Lascaux (15 000 avant J.-C.), chassé par les Amérindiens qui appréciaient sa viande autant que sa peau, et déjà connu de la noblesse européenne qui le chassait à courre, le cerf reste l'un des gibiers les plus populaires encore aujourd'hui. Sa chair tendre s'apparente à celle du bœuf.

■ Préparation : 30 min ■ Réfrigération : 30 min ■ Cuisson : 15 min ■ Portions : 2

2 c. à soupe de beurre
1 c. à soupe d'huile
500 g (1 lb) de filet ou de contre-filet de cerf
Sel et poivre
12 champignons, émincés
4 oignons verts, hachés
125 ml (½ tasse) de vin rouge
1 c. à soupe de basilic frais, haché
125 ml (½ tasse) de crème 35 %
75 g (2 ½ oz) de mousse de foie
250 g (½ lb) de pâte brisée
1 œuf, battu

- Dans une poêle, faire fondre la moitié du beurre, ajouter l'huile et saisir la pièce de viande des deux côtés. Saler et poivrer. Réserver.
- Faire revenir les champignons et les oignons verts avec 1 c. à soupe de beurre environ 10 min à feu moyen.
- Déglacer avec le vin, ajouter le basilic et laisser réduire du tiers.
- Ajouter la crème et cuire encore 10 min à découvert soit jusqu'à l'obtention d'un mélange consistant.
- Retirer du feu et laisser refroidir 30 min au réfrigérateur.
- Préchauffer le four à 180 °C (350 °F).
- Étendre la pâte pour obtenir une abaisse d'une épaisseur d'environ un 1 cm (½ po). S'assurer d'avoir assez de pâte autour pour recouvrir la viande.
- Déposer la pièce de viande au centre de la pâte et disposer la mousse de foie sur le dessus.
- Mettre la moitié du mélange de champignons sur la mousse, refermer la pâte en portefeuille et badigeonner avec l'œuf battu.
- Cuire au four 15 min pour une cuisson saignante ou 20 min pour une cuisson à point. Napper avec le reste du mélange de champignons et servir.

Carré de cerf, sauce au caramel d'érable et au vin rouge

Le paysan canadien avait une vie dure mais confortable. En effet, contrairement au paysan français qui n'avait ni le droit de chasser ni de couper du bois, le colon canadien profitait largement des ressources naturelles du pays. À cette époque, le gros gibier était très apprécié de tous.

- Préparation : 15 min ▪ Cuisson : 25 min ▪ Portions : 4

CERF

3 c. à soupe d'huile d'olive

Sel et poivre

2 c. à soupe de moutarde de Meaux

2 c. à café (2 c. à thé) de basilic, en purée

1,2 kg (2 ½ lb) de carré de cerf

SAUCE

2 c. à soupe de beurre

3 échalotes, hachées

175 ml (¾ tasse) de sirop d'érable

250 ml (1 tasse) de vin rouge

1 c. à soupe de poivre concassé

500 ml (2 tasses) de sauce demi-glace

CERF

- Préchauffer le four à 190 °C (375 °F).
- Mélanger l'huile, le sel, le poivre, la moutarde et le basilic. Badigeonner le carré de cerf avec ce mélange.
- Mettre le carré de cerf sur une plaque de cuisson et cuire au four 25 min. Laisser reposer 10 min.

SAUCE

- Dans une casserole, faire chauffer le beurre, ajouter les échalotes et faire suer 2 min.
- Ajouter le sirop d'érable, le vin rouge et le poivre.
- Laisser réduire de moitié afin d'obtenir un caramel léger mais liquoreux.
- Ajouter la sauce demi-glace et faire réduire du tiers.
- Découper le carré entre chaque os et servir nappé de caramel d'érable.

Côtes levées de cerf aux parfums des Antilles

C'est grâce au commerce triangulaire si les produits des Antilles ont pu faire leur apparition sur les tables de la Nouvelle-France : rhum, mélasse, café, cacao, etc. Voici une recette fort originale qui ravira vos papilles.

■ Préparation : 15 min ■ Réfrigération : 2 h ■ Cuisson : 1 h 30 ■ Portions : 4

CÔTES LEVÉES

1,5 kg (3 1/3 lb) de côtes levées de cerf

3 litres (12 tasses) d'eau

1 oignon, coupé en 4

1 c. à soupe de sel

1 c. à soupe de poivre moulu

1 c. à soupe de baies de genièvre

2 c. à soupe d'herbes de Provence

MARINADE

250 ml (1 tasse) de mélasse

125 ml (1/2 tasse) de bouillon réservé

90 ml (3 oz) de rhum brun

2 gousses d'ail, hachées

3 à 4 c. à soupe de gingembre frais, haché

1 c. à soupe de poivre concassé

CÔTES LEVÉES

- Dans une grande casserole, mettre les côtes levées, l'eau, les oignons, le sel, le poivre, les baies de genièvre et les herbes de Provence. Porter à ébullition et laisser mijoter environ 1 h, jusqu'à ce que les os commencent à se séparer de la viande.
- Réserver 125 ml (½ tasse) de bouillon pour la marinade, égoutter les côtes et laisser les refroidir 15 min avant de mariner.

MARINADE

- Dans un grand plat, mélanger la mélasse, le bouillon réservé, le rhum, l'ail, le gingembre et le poivre.
- Disposer les côtes dans la marinade et réfrigérer 3 h.
- Préchauffer le four à 190 °C (375 °F).
- Cuire au four 40 min et badigeonner avec le reste de la marinade à mi-cuisson.

Mitonnée de cerf à la bière noire

Ah ! l'incomparable fumet du ragoût longtemps mijoté. L'utilisation de bière noire vient rehausser le bouillon de manière incomparable. La cuisson lente permettra d'obtenir une viande d'une tendreté exquise.

■ Préparation : 30 min ■ Cuisson : 50 min ■ Portions : 6

1,4 kg (3 lb) de cerf à braiser en cubes
2 bouteilles de bière noire Boréale
2 c. à soupe de beurre
2 c. à soupe d'huile
900 g (2 lb) de pleurotes, émincés
1 grosse carotte, en julienne
1 oignon moyen, haché
1 c. à soupe de muscade moulue
1 c. à café (1 c. à thé) de thym frais
½ c. à café (½ c. à thé) de poivre concassé
Sel
4 c. à soupe de miel
1 litre (4 tasses) de sauce demi-glace

- Dans une poêle, saisir les cubes de cerf 5 min et réserver.
- Déglacer le poêlon avec une bouteille de bière et laisser réduire du tiers.
- Réserver le jus de cuisson pour la sauce.
- Dans une grande casserole, faire fondre le beurre. Ajouter l'huile et faire suer les légumes 5 min à feu moyen avec la muscade, le thym, le poivre et le sel.
- Ajouter le miel, la deuxième bouteille de bière ainsi que le jus de cuisson. Laisser réduire de moitié.
- Ajouter la sauce demi-glace, porter à ébullition, puis mettre les cubes de viande dans la préparation et laisser mijoter 50 min.
- Laisser reposer 15 min avant de servir.

Servez ce plat avec un gros quignon de pain.

Civet de lièvre aux deux moutardes

On comprend qu'avec une population de 60 millions d'individus, le lièvre soit le seul gibier sauvage pouvant être trappé et commercialisé. Sa chair est plus foncée et plus goûteuse que celle de son cousin d'élevage, le lapin.

Préparation : 30 min **Cuisson :** 1 h 30 **Portions :** 6

- 2 c. à soupe de beurre
- 225 g (½ lb) de lard fumé, en dés
- 1 oignon moyen, haché
- Sel et poivre
- 250 ml (1 tasse) de vin rouge
- 2 c. à soupe de moutarde sèche en grains
- 3 c. à soupe de moutarde de Meaux à l'ancienne
- 2 c. à soupe de basilic frais, haché
- 2 litres (8 tasses) de sauce demi-glace
- 2 c. à soupe d'huile
- 2 lièvres, découpés en parties (cuisse, râble, épaule), salés et poivrés
- 125 ml (½ tasse) de crème 35 %

- Dans une casserole assez grande pour recevoir les lièvres, faire fondre le beurre et faire revenir le lard, les oignons, le sel et le poivre 5 min à feu vif.
- Déglacer avec le vin, ajouter les moutardes et le basilic. Laisser réduire du tiers.
- Ajouter la sauce demi-glace et laisser mijoter à feu doux.
- Pendant ce temps, dans une grande poêle, chauffer l'huile et saisir les morceaux de lièvre des deux côtés.
- Mettre la viande dans la sauce, couvrir et cuire à feu moyen 1 h 30 en remuant toutes les 30 min. Le lièvre est cuit quand la viande se détache des os.
- Ajouter la crème et porter à ébullition. Retirer du feu et laisser reposer 10 min avant de servir.

Mitonnée de lapin aux saveurs de pommes

Les premiers pommiers sont arrivés en Nouvelle-France dans les bagages de Louis Hébert, en 1617. En 1650, les Sulpiciens plantaient leur premier verger sur le flanc est du mont Royal. Leur pressoir à cidre a été construit la même année.

Préparation : 20 min ■ Cuisson : 1 h 30 ■ Portions : 2

- 1 c. à soupe de beurre
- 2 c. à soupe d'huile d'olive
- 1 lapin, coupé en 6 (2 pattes avant, 2 râbles, 2 pattes arrière)
- 1 oignon, haché
- 50 g (⅓ tasse) de farine tout usage
- 100 ml (⅓ tasse + 1 c. à soupe) de jus de pomme à l'ancienne (froid)
- 175 ml (¾ tasse) de cidre (froid)
- 100 ml (⅓ tasse + 1 c. à soupe) de calvados (froid)
- 1 c. à soupe de muscade
- 1 c. à soupe d'herbes de Provence
- 3 c. à soupe de gingembre frais
- Sel et poivre
- 500 ml (2 tasses) de fond de veau
- 100 ml (⅓ tasse + 1 c. à soupe) de crème 35 %
- 2 pommes rouges, pelées en fines tranches

- Saler et poivrer le lapin sur toutes les faces.
- Dans une grande casserole, faire fondre le beurre et ajouter l'huile. Saisir le lapin 4 min de chaque côté. Retirer le lapin de la casserole et réserver.
- Dans la même casserole, faire revenir les oignons 3 min. Ajouter la farine et bien remuer.
- Ajouter le jus de pomme, le cidre et le calvados en remuant à l'aide d'un fouet et porter à ébullition.
- Ajouter la muscade, les fines herbes, le gingembre, le sel, le poivre et le fond de veau. Porter à ébullition et laisser mijoter à feu moyen. Ajouter le lapin et laisser mijoter 1 h.
- Retirer le lapin de la casserole, ajouter la crème et porter à ébullition. Ajouter les pommes et le lapin et cuire 15 min à feu doux.

Cochon de lait et compote de canneberge

Parfois appelée pomme des prés, airelle ou atoca, la canneberge est la cousine du bleuet. Les Amérindiens appréciaient son intense couleur rubis pour teindre leurs vêtements. De nos jours, bien qu'elle soit surtout commercialisée pour son jus, elle permet de faire d'excellentes confitures, compotes et gelées.

Préparation : 30 min ■ Marinade : 24 h ■ Cuisson : 25 min par kg (2 lb) ■ Portions : 2

COCHON DE LAIT

1 cochon de lait de 20 kg (44 lb)
250 ml (1 tasse) de miel
1 kg (2 lb) de canneberges
8 gousses d'ail, hachées
3 gros oignons, hachés
4 c. à soupe de poivre concassé
6 c. à soupe de gros sel
250 ml (1 tasse) de mélasse
5 c. à soupe d'herbes de Provence
2 c. à soupe de gingembre moulu
500 ml (2 tasses) de vin rouge pour la marinade
250 ml (1 tasse) d'huile d'olive
1 gros pain parisien

GELÉE

1 c. à soupe de beurre
1 kg (2 lb) de canneberges
250 ml (1 tasse) de vin rouge
3 c. à soupe de cassonade ou de sucre roux
Sel et poivre

- Dans un bol, mélanger tous les ingrédients, sauf le pain et les ingrédients pour la gelée.
- Badigeonner le cochon avec la marinade et réserver 24 h dans le réfrigérateur.
- Couper le bout du pain et retirer la moitié de la mie.
- Remplir le pain avec le plus de marinade possible pour le saturer et reboucher avec la mie pour fermer le bout.
- Tourner le cochon sur le dos et y introduire le pain et le reste de la marinade. Refermer en cousant le ventre à l'aide d'une ficelle à rôti et d'une aiguille.
- Deux méthodes de cuisson sont suggérées :
  - Au four : compter 25 min par kg (2 lb) à 160 °C (325 °F).
  - Au feu sur broche : prévoir de 3 à 4 h de cuisson sur le feu. S'assurer que la pièce de viande tourne de façon régulière.
- Lorsque la viande est cuite, retirer le pain, découper et servir.

GELÉE

- Dans une casserole, faire fondre le beurre, ajouter les canneberges et cuire 4 min sans colorer.
- Ajouter le vin rouge, la cassonade, une pincée de sel et de poivre.
- Cuire environ 15 min à feu moyen en remuant à l'aide d'un fouet pour faire éclater les canneberges. Servir la gelée chaude ou froide avec le cochon de lait.

Côtelettes de porc à la fleur d'ail et au cidre

Bien que l'usage de l'ail soit apprécié depuis fort longtemps, la fleur d'ail est un nouveau produit sur nos tables. Découverte par hasard par une Québécoise, la fleur d'ail est d'abord fermentée dans l'huile avant d'être mise en pots. Moins piquante que l'ail, elle offre un parfum léger qui se marie à merveille avec le cidre.

Préparation : 15 min ▪ Cuisson : 45 min ▪ Portions : 4

2 c. à soupe beurre
2 c. à soupe d'huile
8 côtelettes de porc, désossées
Sel et poivre
2 c. à soupe de fleur d'ail dans l'huile
500 ml (2 tasses) de cidre
1 c. à soupe de gingembre moulu
500 ml (2 tasses) de sauce demi-glace

- Préchauffer le four à 190 °C (375 °F).
- Dans une grande poêle allant au four, faire chauffer le beurre et l'huile et saisir les côtelettes des deux côtés jusqu'à ce qu'elles soient colorées. Saler et poivrer.
- Retirer les côtelettes, badigeonner avec la fleur d'ail et réserver.
- Déglacer la poêle avec le cidre et laisser réduire de moitié.
- Ajouter le gingembre et la sauce demi-glace. Porter à ébullition et faire réduire du tiers.
- Ajouter les côtelettes et cuire au four 30 min.

Côte de veau Charlevoix aux framboises et à l'érable

Le terroir de la région de Charlevoix est très fertile : fromage Migneron, agneau salé, légumes anciens, etc. La liste est longue et nous met assurément l'eau à la bouche. Le Cabaret du Roy *a vite adopté le « veau Charlevoix ». L'animal est nourri d'un mélange spécial de lait et de grains, donne une viande rose et de teinte égale, ferme, tendre, maigre et d'une saveur délicate mais bien marquée. Un pur régal !*

Préparation : 15 min ■ Cuisson : 20 min ■ Portions : 1

CÔTE DE VEAU

1 c. à soupe de beurre
1 c. à soupe d'huile
1 côte de veau de 360 à 450 g (¾ à 1 lb)

SAUCE

1 c. à soupe de beurre pour la sauce
3 c. à soupe d'oignons verts, émincés
2 brins de romarin frais entiers
90 g (¾ tasse) de framboises fraîches
60 ml (¼ tasse) de vinaigre de vin
125 ml (½ tasse) de vin blanc
80 ml (⅓ tasse) de sirop d'érable
125 ml (½ tasse) de sauce demi-glace
Sel et poivre

CÔTE DE VEAU

- Préchauffer le four à 190 °C (375 °F).
- Dans une poêle, faire fondre le beurre, ajouter l'huile et saisir la côte de veau 3 min de chaque côté.
- Mettre sur une plaque et cuire au four 10 min.
- Laisser reposer à température ambiante 3 min avant de servir.
- Si on cuit la côte de veau sur le gril, la cuisson complète sera d'environ 15 min.

SAUCE

- Dans une casserole, faire suer au beurre les oignons verts avec le romarin.
- Ajouter les framboises, le vinaigre, le vin, le sirop d'érable et laisser réduire du quart.
- Ajouter la sauce demi-glace et laisser mijoter 15 min. Saler et poivrer.
- Servir la côte nappée de sauce aux framboises.

Pour apprécier la côte de veau à son meilleur, la cuisson doit être rosée.

Jarrets de veau à l'hydromel

En italien, le mot « osso-buco » signifie « os à trou ». Le jarret est trop peu souvent présenté sur nos tables. Pourtant, ce plat est si simple à préparer. En Nouvelle-France, le veau était consommé uniquement par les bourgeois et les nobles. Les paysans n'avaient certes pas les moyens de sacrifier une « future vache à lait ».

Préparation : 20 min ■ Cuisson : 2 h 30 ■ Portions : 4

- 3 c. à soupe d'huile d'olive
- 2 kg (4 ½ lb) de jarret de veau en tranches de 2,5 à 3,5 cm (1 à 1 ½ po) d'épaisseur
- 500 ml (2 tasses) d'hydromel
- Sel et poivre
- 2 c. à soupe de beurre
- 1 oignon, en dés
- 2 carottes, en dés
- 3 gousses d'ail, hachées
- 1 c. à soupe origan séché
- 1 c. à soupe basilic séché
- 1,5 litre (6 tasses) de fond de veau
- Sel et poivre

- Préchauffer le four à 160 °C (325 °F).
- Dans une poêle, faire chauffer l'huile et saisir les jarrets des deux côtés, réserver. Déglacer la poêle avec la moitié de l'hydromel et réserver.
- Dans une casserole allant au four, chauffer le beurre et faire revenir les oignons, les carottes, l'ail et les fines herbes pendant 5 min.
- Ajouter le jus de déglaçage et le reste de l'hydromel, puis laisser réduire du tiers.
- Ajouter le fond de veau et porter à ébullition. Saler et poivrer.
- Ajouter les jarrets et cuire au four pendant 2 h 30, jusqu'à ce que la viande se détache légèrement de l'os.

Blanquette de veau au gingembre et à la muscade

La première recette de blanquette de veau a été consignée par écrit pour la première fois en 1735 par Vincent de La Chapelle dans son Cuisinier moderne. *À l'époque, il n'existait qu'une sorte de blanquette, exclusivement de veau. Ce mets constitué à l'origine de restes de rôti était servi en entrée sans autre accompagnement que des oignons grelots et des champignons de Paris.*

Préparation : 20 min · Cuisson : 1 h 15 · Portions : 4

1,2 kg (2 ½ lb) de veau, en cubes
1,5 litre (6 tasses) d'eau
Sel et poivre
2 c. à soupe de beurre
1 c. à soupe d'huile d'olive
2 oignons, en dés
2 carottes, en dés
500 g (1 lb) de champignons de Paris, en quartiers
1 c. à soupe de muscade
1 c. à soupe de gingembre frais
2 c. à soupe de persil frais, haché
Sel et poivre
250 ml (1 tasse) de vin blanc
1 litre (4 tasses) de fond de veau
500 ml (2 tasses) de crème 35 %

- Dans une casserole, faire blanchir les cubes de veau dans l'eau bouillante salée et poivrée pendant 30 min.
- Rincer les cubes de viande pour enlever toutes les petites particules d'écume et réserver.
- Dans une casserole, faire fondre le beurre, ajouter l'huile et faire suer les oignons environ 5 min avec les carottes, les champignons, la muscade, le gingembre, le persil, le sel et le poivre.
- Verser le vin et laisser réduire du quart.
- Ajouter le fond de veau et les cubes de viande et laisser mijoter 20 min à feu moyen.
- Ajouter la crème et cuire 20 min de plus à feu doux.

Poulet de Cornouailles glacé à l'érable

En 1634, dans ses Relations, *le père Lejeune mentionne déjà l'existence des produits de l'érable, qu'il a découverts grâce aux Amérindiens qui les utilisent comme assaisonnement, mais aussi comme médicaments pour les bronches. Les colons fabriquaient d'énormes quantités de pains de sucre d'érable qui étaient ensuite expédiés vers la métropole.*

■ Préparation : 5 min ■ Réfrigération : 45 min ■ Cuisson : 2 min ■ Portions : 1

2 c. à soupe de miel
2 c. à soupe de sirop d'érable
1 gousse d'ail, finement hachée
1 c. à café (1 c. à thé) d'herbes de Provence
160 ml (⅔ tasse) de vin blanc
Sel et poivre
1 poulet de Cornouailles (compter 450 g/1 lb) par personne

- Dans un grand un bol, mélanger tous les ingrédients à l'exception de la moitié du vin blanc.
- Ajouter le poulet et laisser mariner au réfrigérateur 2 h.
- Préchauffer le four à 190 °C (375 °F).
- Mettre le poulet dans une lèchefrite. Cuire au four 45 min en arrosant le poulet toutes les 15 min.
- Déglacer la lèchefrite avec le reste du vin blanc.
- Faire réduire la sauce de moitié et en napper le poulet avant de servir.

Pot-au-feu de volaille et de bœuf à ma façon

Mi-soupe mi-ragoût, ce plat réconfortant de la cuisine paysanne vous est proposé dans une variante surprenante. Pour un maximum de goût, n'oubliez pas d'inviter plusieurs convives à votre table…

Préparation : 30 min **Cuisson :** 2 h **Portions :** 8

- 2 c. à soupe de beurre
- 225 g (½ lb) de lard fumé, en cubes
- 2 oignons, coupés grossièrement
- 3 gousses d'ail, écrasées
- 5 cuisses de poulet, coupées en deux (pilon et haut de cuisse)
- 10 morceaux de côtes de bœuf croisées
- 3 litres (12 tasses) de bouillon de volaille
- 3 carottes, émincées
- 3 branches de céleri, émincées
- 1 bouquet entier d'oignons verts
- 20 pommes de terre grelots entières
- 24 champignons de Paris entiers
- 1 petit navet, en cubes
- 4 poireaux, coupés en deux
- 2 pommes rouges entières
- 3 brins entiers de romarin frais
- 2 c. à soupe de graines de moutarde
- 2 c. à soupe de poivre concassé
- 1 c. à soupe de thym frais
- ½ chou vert, en quartiers

- Dans une grande casserole, faire fondre le beurre, ajouter le lard, les oignons, l'ail et faire suer 5 min.
- Ajouter les viandes et le bouillon et porter à ébullition.
- Mettre tous les autres ingrédients dans la casserole et terminer en mettant le chou sur le dessus.
- Porter à ébullition, puis laisser mijoter à feu doux environ 2 h, jusqu'à ce que la viande et la volaille soient tendres.
- Laisser reposer 15 min et retirer l'excédent de gras.
- Servir dans des assiettes creuses, accompagné de moutarde forte, de gros sel et de cornichons salés.

Pintade rôtie, farce aux canneberges et au gingembre

Originaire d'Afrique, la pintade fait partie de la famille de la poule. Elle a été introduite en Europe par les Portugais qui lui donnaient le nom de « pintada ». La pintade est aujourd'hui naturalisée dans plusieurs forêts québécoises. On peut la chasser ou s'en procurer tout simplement chez son boucher.

Préparation : 15 min ■ Cuisson : 1 h ■ Portions : 4 à 5

- 1 bouteille de bière Boréale cuivrée
- 1 c. à soupe de gingembre moulu
- 1 c. à soupe d'herbes de Provence
- 2 c. à soupe de cassonade ou de sucre roux
- 2 c. à soupe d'huile d'olive
- Sel et poivre
- 225 g (½ lb) de canneberges
- 2 gousses d'ail, hachées
- 1 c. à soupe de gingembre frais, haché
- 1 pintade entière de 1,5 kg (3 lb)

- Préchauffer le four à 180 °C (350 °F).
- Dans un grand bol, faire un mélange avec la bière, le gingembre, les fines herbes, la cassonade, l'huile, le sel et le poivre. Réserver.
- Dans un autre bol, mélanger les canneberges, l'ail et le gingembre et farcir la pintade.
- Badigeonner la pintade avec le mélange de bière.
- Cuire au four 1 h en arrosant toutes les 15 min.
- Laisser reposer 10 min avant de couper.
- Récupérer le jus de cuisson, qui fera une superbe sauce d'accompagnement légère et goûteuse.

Fricassée de poulet de grain aux épices

Originellement composée de volaille, la fricassée a pris ensuite le nom de fricot qui, dans le langage populaire, désigne un plat simple mais fort goûteux. C'est dans cet esprit que nous vous offrons notre fricassée sans artifices mais tellement savoureuse.

■ Préparation : 20 min ■ Cuisson : 1 h 20 ■ Portions : 4

- 1 poulet de grain, coupé en morceaux
- Sel et poivre
- 1 oignon, émincé
- 500 g (1 lb) de champignons blancs, en quartiers
- 1 c. à soupe gingembre moulu
- 1 c. à soupe muscade
- 1 c. à soupe d'herbes de Provence
- 500 ml (2 tasses) de vin blanc
- 1 litre (4 tasses) de bouillon de volaille
- 8 pommes de terre, pelées et coupées en cubes
- Sel et poivre

■ Préchauffer le four à 200 °C (400 °F).

■ Mettre le poulet dans une grande cocotte. Saler et poivrer puis saisir au four 30 min.

■ Dans la cocotte, ajouter les oignons, les champignons, les épices, les fines herbes, le vin blanc, le bouillon et les pommes de terre. Saler, poivrer et cuire au four 50 min.

■ Laisser reposer 15 min à température ambiante et servir.

Accompagnements

Duxelles de champignons

François Pierre La Varenne, pilier de la cuisine gastronomique française du XVIIe siècle, était au service d'un maître puissant, le marquis d'Uxelles. Ce hachis de champignons était servi régulièrement à la table du seigneur.

■ Préparation : 15 min ■ Cuisson : 30 min ■ Portions : 6

- 2 c. à soupe de beurre
- 2 c. à soupe d'huile
- 1,5 kg (3 ⅓ lb) de champignons de Paris, hachés finement
- 1 oignon, haché finement
- 2 gousses d'ail, hachées finement
- 4 c. à soupe de persil frais, haché
- 250 ml (1 tasse) de vin blanc
- 250 ml (1 tasse) de crème 35 %
- Sel et poivre

- Faire fondre le beurre dans une grande poêle. Ajouter l'huile, les champignons, les oignons, l'ail et le persil. Faire sauter 5 min à feu vif.
- Déglacer avec le vin blanc et laisser réduire de moitié à feu moyen.
- Ajouter la crème, le sel, le poivre et cuire 20 min à feu doux, jusqu'à ce qu'il ne reste presque plus de liquide.
- Laisser reposer 3 min avant de servir.

La duxelles peut servir de mets d'accompagnement ou être utilisée comme sauce ou comme farce.

Ratatouille de courges aux fines herbes

■ Préparation : 20 min ■ Cuisson : 30 min ■ Portions : 6

- 2 c. à soupe de beurre
- 2 c. à soupe d'huile d'olive
- 1 oignon, haché
- 2 gousses d'ail, hachées
- 3 courgettes vertes, en cubes
- 3 courgettes jaunes, en cubes
- 1 c. à soupe de basilic frais, haché
- 1 c. à soupe d'origan frais, haché
- 2 c. à soupe de persil frais, haché
- 2 c. à soupe de ciboulette fraîche, hachée
- Sel et poivre
- 125 ml (½ tasse) de vin blanc
- 125 ml (½ tasse) de bouillon de volaille
- 225 g (½ lb) de citrouille, en purée

■ Faire fondre le beurre dans une casserole assez creuse. Ajouter l'huile et faire suer les oignons et l'ail 5 min.

■ Ajouter les courgettes, les fines herbes, le sel, le poivre et faire revenir 5 min.

■ Ajouter les liquides et la purée de citrouille. Porter à ébullition et laisser mijoter 15 min.

■ Retirer du feu, égoutter la moitié du jus de cuisson (on peut le réserver comme base de bouillon de légumes pour une soupe) et laisser reposer 5 min. Servir avec du petit gibier ou du ragoût.

Purée de chou rouge

■ Préparation : 10 min ■ Cuisson : 1 h ■ Portions : 6

1 gros chou rouge, émincé
1 gros oignon, émincé
2 poireaux, émincés
2 c. à soupe de beurre
2 c. à soupe de sel
1 c. à café (1 c. à thé) de poivre concassé
2 c. à soupe d'herbes de Provence
2 gousses d'ail, hachées
2 litres (8 tasses) d'eau pour couvrir
125 ml (½ tasse) de crème 35 %

- Mettre tous les ingrédients, sauf la crème, dans une grande casserole et couvrir d'eau.
- Faire bouillir à couvert environ 1 h, jusqu'à ce que les légumes soient complètement cuits.
- Égoutter et réduire en purée à l'aide du robot de cuisine en ajoutant la crème très lentement, jusqu'à consistance homogène. Servir avec du canard grillé ou une viande rouge.

Bannique

Fabriquée sans levain, la bannique était le pain quotidien des Amérindiens. Notre chef vous propose une version des jours de fête, un peu plus sucrée que la version traditionnelle grâce notamment à l'ajout du glacis au sirop d'érable.

Préparation : 15 min ■ Cuisson 30 min ■ Portions : 2

BANNIQUE

- 300 g (2 tasses) de farine blanche
- 75 g (½ tasse) de farine de sarrasin
- 1 c. à soupe de levure chimique (poudre à lever)
- 115 g (½ tasse) de cassonade ou de sucre roux
- 60 g (½ tasse) de noix
- 120 g (1 tasse) de petits fruits rouges
- 500 ml (2 tasses) d'eau

GLACIS À L'ÉRABLE

- 2 c. à soupe de beurre à température ambiante
- 80 ml (⅓ tasse) de sirop d'érable

BANNIQUE

- Préchauffer le four à 200 °C (400 °F).
- Dans un bol, mélanger tous les ingrédients secs.
- Ajouter les petits fruits, l'eau et remuer jusqu'à l'obtention d'un mélange homogène.
- Faire 3 rouleaux de 5 cm (2 po) de diamètre et les couper en tranches de 2,5 cm (1 po).
- Mettre sur des plaques farinées, puis cuire au four environ 20 min, jusqu'à ce qu'elles soient dorées et croustillantes.

GLACIS À L'ÉRABLE

- Mélanger le beurre et le sirop d'érable pour obtenir un glacis. Badigeonner les banniques et servir.

La bannique grillée est excellente à l'heure du petit-déjeuner.

Sauce au sang

Préparation : 15 min ▪ Cuisson : 30 min ▪ Portions : 500 ml (2 tasses)

- 2 c. à soupe de beurre
- 1 c. à soupe d'huile
- 1/2 oignon, haché
- 150 g (5 oz) de boudin noir, coupé en morceaux de 2,5 cm (1 po)
- 1 gousse d'ail, hachée
- 1 c. à café (1 c. à thé) de thym frais
- 12 champignons de Paris, en quartiers
- Sel et poivre
- 175 ml (¾ tasse) de vin rouge
- 500 ml (2 tasses) de sauce demi-glace
- 2 oignons verts, émincés
- 2 c. à soupe de persil frais, haché

- Faire fondre le beurre, ajouter l'huile et faire revenir les oignons et le boudin pendant 5 min. Fouetter le mélange de manière à déchiqueter le boudin.
- Ajouter l'ail, le thym, les champignons, le sel et le poivre. Cuire 4 min à feu moyen.
- Déglacer avec le vin rouge et faire réduire du tiers en fouettant continuellement.
- Ajouter la sauce demi-glace et cuire 25 min à faible ébullition.
- Passer la sauce au tamis et garnir d'oignons verts et de persil.

Servez cette sauce avec des viandes grillées telles que le cerf en croûte.

Sauce marchand de vin

Cette sauce est particulièrement délicieuse avec les viandes rouges grillées et les pâtés.

■ Préparation : 5 min ■ Cuisson : 30 min ■ Portions : 8 à 12 portions ou 1 litre (4 tasses)

2 c. à soupe beurre
1 oignon, haché
1 c. à soupe de poivre concassé
1 pincée de sel
1 c. à café (1 c. à thé) de thym frais, haché
1 c. à café (1 c. à thé) de romarin frais, haché
250 ml (1 tasse) de vin rouge
1 litre (4 tasses) de sauce demi-glace
60 ml (¼ tasse) de crème 35 %

- Faire fondre le beurre dans une casserole. Ajouter les oignons, le poivre, le sel et les fines herbes. Faire suer 5 min.
- Déglacer avec le vin rouge et faire réduire 5 min.
- Ajouter la sauce demi-glace et cuire 20 min.
- Ajouter la crème et cuire 5 min de plus à feu doux.

Desserts

Beignets aux patates de la mère Bradette

Bien qu'on ait bien peu mangé de patates en Nouvelle-France, elles font tout de même partie de notre paysage culinaire depuis plus de 200 ans. Et les beignets de la mère Bradette sont si bons !

Préparation : 30 min ■ Cuisson : 4 min par beignet ■ Portions : 3 douzaines de beignets

- 3 pommes de terre
- 4 c. à soupe de beurre
- 3 œufs entiers
- 1 pincée de sel
- 1 pincée de muscade moulue
- 1 pincée de gingembre moulu
- 450 g (2 tasses) de sucre blanc
- 700 g (4 ½ tasses) de farine
- 2 c. à soupe de levure chimique (poudre à lever)
- 125 ml (½ tasse) de lait
- 80 ml (⅓ tasse) de crème 35 %
- 225 g (1 tasse) de sucre d'érable granulé

- Faire bouillir les pommes de terre 25 min et les réduire en purée sans sel ni poivre.
- Dans un bol, faire un mélange homogène avec le beurre, les œufs, le sel, la muscade, le gingembre et le sucre.
- Incorporer ce mélange à la purée de pommes de terre en fouettant vigoureusement.
- Tamiser la farine et la levure chimique et incorporer au mélange en alternant avec le lait et la crème.
- Faire des petites boules de la grosseur d'une fraise. Réserver 5 min.
- Dans une friteuse, faire frire à 160 °C (325 °F) environ 2 min de chaque côté, jusqu'à l'obtention d'une belle coloration dorée.
- Disposer les boules sur du papier absorbant et saupoudrer de sucre d'érable granulé.
- Laisser reposer 15 min et servir accompagné d'un grand verre de lait froid.

Confiture de fraise à la lavande bleue

« Hypocrite comme une fraise » est un vieux dicton canadien-français de Bernier Taillon. Le colon avait en effet remarqué que la fraise sauvage lançait des stolons, c'est-à-dire un genre de tentacules qui se replantent loin du plant original en les propageant de façon hypocrite puisqu'il devient alors impossible de discerner le plant mère du plant fille.

Préparation : 15 min **Cuisson :** 30 min

- 1,5 kg (6 tasses) de fraises, équeutées
- 250 ml (1 tasse) de cidre
- 225 g (1 tasse) de cassonade ou de sucre roux
- 2 c. à soupe de pistils de lavande bleue (en vente dans les magasins de produits naturels, herboristeries, etc.)

- Mettre tous les ingrédients dans une casserole et bien mélanger le tout.
- Porter à ébullition moyenne en remuant sans cesse.
- Cuire environ 30 min, jusqu'à ce que le mélange soit onctueux.
- Retirer du feu et laisser reposer 20 min avant de servir.

Cette confiture est excellente sur des rôties, des croissants, des brioches ou encore pour accompagner les petits gâteaux, les sablés ou les beignets.

Sauté de pommes à la cassonade et au cidre

Préparation : 5 min **Cuisson :** 8 min **Portions :** 2

- 2 c. à soupe de beurre
- 2 pommes rouges, lavées, non pelées et coupées en quartiers (8 morceaux par pomme)
- 2 c. à soupe de cassonade ou de sucre roux
- 80 ml (⅓ tasse) de cidre
- 1 pincée de muscade râpée
- 1 c. à soupe d'amandes, grillées et hachées (facultatif)

- Dans une poêle, faire fondre le beurre et faire sauter les pommes 3 min à feu vif jusqu'à coloration.
- Ajouter la cassonade et cuire 2 min en remuant sans cesse.
- Ajouter le cidre, la muscade et faire réduire 3 min à feu moyen jusqu'à l'obtention d'un caramel liquoreux.
- Disposer dans une assiette et servir avec des amandes.

Rossoli du père Leclerc

Grand voyageur, le père Leclerc parcourt sa paroisse dans tous les sens pour le salut éternel des âmes de ses brebis. Été comme hiver, il prêche, bénit, unit, oint et « se réchauffe ». Cette variante très « canadienne » n'a aucun lien avec les versions européennes où l'on utilise en autres du vin rouge. Autre pays, autre produit.

■ Préparation : 5 min ■ Cuisson : 2 min ■ Portions : 1

250 ml (1 tasse) de jus de pomme à l'ancienne
2 c. à soupe de sirop d'érable
2 c. à soupe de rhum brun
1 pincée de muscade moulue
1 pincée de clou de girofle moulu
1 verre givré avec du sucre et de la cannelle
1 bâton de cannelle

- Faire chauffer le jus de pomme, le sirop d'érable, le rhum brun, la muscade et le clou de girofle. Laisser frémir 1 min.
- Servir chaud dans le verre givré et décorer avec le bâton de cannelle.

Tarte au sirop d'érable

Selon le chef Bradette, pour faire une tarte au sirop, ça prend du sirop, de la vraie crème, du sirop, de la vraie crème et finalement encore un peu de sirop. Tout le reste est superflu.

Préparation : 15 min **Refroidissement :** 1 h **Cuisson :** 1 h 30 **Portions :** 2 tartes

- 750 ml (3 tasses) de sirop d'érable
- 150 g (1 tasse) de farine tout usage
- 4 jaunes d'œufs
- 2 œufs entiers
- 375 ml (1 ½ tasse) de crème 35 % froide
- 2 abaisses de pâte feuilletée

- Dans un bol, mélanger tous les ingrédients jusqu'à ce que le mélange soit homogène.
- Cuire au bain-marie 1 h en gardant l'eau à moyenne ébullition.
- Laisser refroidir 1 h à température ambiante.
- Préchauffer le four à 180 °C (350 °F).
- Verser le mélange dans les abaisses et cuire au four 30 min.
- Laisser reposer de 15 à 20 min et servir la tarte chaude avec un filet de crème fermière.

L'utilisation de crème froide empêche la farine de faire des grumeaux.

Index

Table des matières